BEI GRIN MACHT SICH IHR WISSEN BEZAHLT

- Wir veröffentlichen Ihre Hausarbeit,
  Bachelor- und Masterarbeit

- Ihr eigenes eBook und Buch -
  weltweit in allen wichtigen Shops

- Verdienen Sie an jedem Verkauf

Jetzt bei www.GRIN.com hochladen und kostenlos publizieren

Bibliografische Information der Deutschen Nationalbibliothek:

Die Deutsche Bibliothek verzeichnet diese Publikation in der Deutschen National-bibliografie; detaillierte bibliografische Daten sind im Internet über http://dnb.d-nb.de/ abrufbar.

Impressum:

Copyright © 2018 GRIN Verlag
Druck und Bindung: Books on Demand GmbH, Norderstedt Germany
ISBN: 9783346139177

Anonym

Das Verhältnis zwischen Martin Luther und König Heinrich VIII. von England

GRIN Verlag

GRIN - Your knowledge has value

Der GRIN Verlag publiziert seit 1998 wissenschaftliche Arbeiten von Studenten, Hochschullehrern und anderen Akademikern als eBook und gedrucktes Buch. Die Verlagswebsite www.grin.com ist die ideale Plattform zur Veröffentlichung von Hausarbeiten, Abschlussarbeiten, wissenschaftlichen Aufsätzen, Dissertationen und Fachbüchern.

Besuchen Sie uns im Internet:

http://www.grin.com/

http://www.facebook.com/grincom

http://www.twitter.com/grin_com

Burkhart-Gymnasium Mallersdorf

Oberstufenjahrgang 2017/2018

SEMINARARBEIT

Rahmenthema des Wissenschaftspropädeutischen Seminars:

500-jähriges Jubiläum der Reformation

Leitfach: Religion

Thema der Seminararbeit:

Das Verhältnis zwischen Martin Luther und König Heinrich VIII. von England unter besonderem Augenmerk auf den deutschen Reformator und dessen Reformation

Kurztitel: Das Verhältnis zwischen Martin Luther und König Heinrich VIII.

Abgabetermin: 07. November 2017

Inhaltsverzeichnis

1.	**Reformationsjubiläum und Aufbau der Arbeit**		1
2.	**Biographie Martin Luthers**		2
	2.1	Herkunft	2
	2.2	Schulausbildung und beruflicher Werdegang	2
	2.3	Klosterzeit und Priesterweihe	3
	2.4	Theologische Laufbahn	4
	2.5	Heirat und Familie	4
	2.6	Spätzeit und Tod	5
3.	**Luthers Reformation**		5
	3.1	Der Angriff auf den Ablass	6
		3.1.1 Ursachen des Ablassstreits	6
		3.1.2 Briefe Luthers an die Bischöfe und die 95 Thesen	7
	3.2	Der Bruch mit der katholischen Kirche	8
		3.2.1 Die Leipziger Disputation	8
		3.2.2 Die Schriften des Jahres 1520	9
		3.2.2.1 Überblick über die verschiedenen Schriften	9
		3.2.2.2 „Von der babylonischen Gefangenschaft der Kirche"	10
		3.2.3 Der Bann	13
4.	**Heinrichs „Assertio Septem Sacramentorum"**		14
	4.1	Kurzbiographie Heinrich VIII.	14
	4.2	Anlass und Inhalte der „Assertio"	16
		4.2.1 Anlass der Schrift	16

4.2.2   Inhalte der Schrift   17

5.   **Luthers Antwort auf die „Assertio"**   19

5.1   Luthers Beweggründe zu einer Gegenschrift   19

5.2   Die Schrift „Contra Henricum Regem Anglicae"   20

5.2.1 Generelle Informationen   20

5.2.2 Aufbau und Inhalte der Schrift   22

6.   **Weiterer Verlauf des Konflikts zwischen Martin Luther**   26
und König Heinrich VIII.

6.1   Reaktionen auf Luthers „Contra Henricum Regem Angliae"   26

6.2   Briefwechsel zwischen Heinrich VIII. und Luther   28

7.   **Unterschiede in der theologischen Überzeugung und unbändige**   30
Charaktere als Grund zur ausgebliebenen Einigung Luthers
und Heinrich VIII.

1. Reformationsjubiläum und Aufbau der Arbeit

Es war der 31. Oktober dieses Jahres, an dem sich das wohl bedeutendste Ereignis der neueren Kirchengeschichte zum 500. Mal jährte. 1517 nämlich sorgte die zunächst harmlose Tat eines einfachen Priesters dafür, dass eine bereits über mehr als ein Jahrtausend bestehende Ordnung, die weite Teile Europas fest im Griff hatte, zerbrochen wurde: Es war die Spaltung der katholischen Kirche.

Gebündelt war dieser Umsturz in der Person Martin Luthers, der es mit seinen reformatorischen Gedanken, seinem immensen Selbstbewusstsein, vor allem aber seinem bemerkenswerten Charisma wagte, sich den nach seiner Meinung falschen und unchristlichen Praktiken der katholischen Kirche in den frühen Jahren des 16. Jahrhunderts entgegenzustellen und dadurch im Dienste des Evangeliums sein Leben und seinen Ruf aufs Spiel setzte. An diesem Tag gab er seine Gedanken das erste Mal durch den Anschlag der 95 Thesen an der Wittenberger Schlosskirche öffentlich bekannt.[1] Welche weiten Kreise dies jedoch auch außerhalb des Deutschen Reiches zog und welchen Zulauf Luther bereits in seinen ersten Jahren der Reformation fand, wird in dieser Arbeit dargestellt. Zunächst jedoch folgt eine Biographie des Reformators, ehe in einem weiteren Kapitel Kunde über dessen Reformation verschafft wird. Vielerorts wird dabei direkt aus den damaligen Übersetzungen Luthers lateinischer Schriften zitiert, um so einen interessanten Einblick in die Gedanken und auch die Zeit des Reformators zu erhalten.

Vor allem aber soll in dieser Arbeit beleuchtet werden, wie der Priester seinen theologischen Gegnern und deren Schriften gegenübertritt. Schließlich schlug ihm besonders von den damals überaus kirchentreuen Theologen und Bischöfen, aber vor allem auch weltlichen Herrschern strikter Gegenwind entgegen, die seit der Zeit, in der dessen Bekenntnisse öffentlich wurden, ununterbrochen versuchten, Luther mit ihren Schriften als Ketzer darzustellen und ihn öffentlich vorzuführen, vor allem aber mit entschiedener Härte das Papsttum verteidigten.

Dies soll exemplarisch an der Person des überaus christlichen und zunächst äußerst kirchentreuen Königs Heinrich VIII. von England verdeutlicht werden. Zunächst

---

[1] Ob diese zweifellos symbolträchtige Tat tatsächlich in dieser Form stattgefunden hatte, ist im Nachgang nicht eindeutig zu belegen; teilweise wird dieses Ereignis auch von namhaften Theologen wie etwa dem katholische Kirchenhistoriker Prof. Dr. Erwin Iserloh dementiert. Vom Jahre 1966 ist von ihm der Ausspruch überliefert „Der Thesenanschlag fand nicht statt.", womit er einen regelrechten Streit sowohl unter katholischen als auch protestantischen Gelehrten auslöste. Fest steht allerdings, dass sich Luther an diesem Tag das erste Mal öffentlich zu seinen Thesen bekannte.

wird beschrieben, wie es dem Monarchen möglich war, bereits mit 17 Jahren den Königsthron zu besteigen, später wird sein Verhältnis zur katholischen Kirche deutlich, welches schließlich ähnlich wie das Martin Luthes in einem Bruch mündete, ehe sein wohl populärstes Merkmal, die Heiraten seiner insgesamt sechs Frauen, anschaulich gemacht wird.

In dem Konflikt mit dem deutschen Theologen war er es, der den Stein anfangs mit einer ausführlichen Schrift ins Rollen brachte, ehe dieser ihn ebenso ausführlich widerlegte. Teils mit rauer Polemik, teils mit rhetorischem Geschick, oftmals aber durch messerscharfen Verstand und einem breiten theologischen Fachwissen trat Luther dem herrschenden Oberhaupt daraufhin in einer Gegenschrift entgegen. Nach einer ausführlichen Darlegung des aus den Schriften resultierenden Verhältnisses zwischen den beiden folgt ein Überblick über ihre Beziehung in den darauffolgenden Jahren, die ebenfalls von einem interessanten Konflikt der beiden geprägt sind. Den Abschluss der Arbeit soll ein kurzer Ausblick darstellen, In dem erörtert wird, aus welchen Gründen Heinrich VIII. und Martin Luther trotz ihrer ähnlichen Ziele niemals Verbündete wurden.

2. Biographie Martin Luthers

2.1 Herkunft
Martin Luther wird am 10.11.1483 in Eisleben geboren. Unweit seiner Geburtsstadt wuchs der Junge in den folgenden Jahren gemeinsam mit neun Geschwistern in der Stadt Mansfeld auf, in die sein Vater Hans gemeinsam mit dessen Frau Margarete kürzlich umgezogen war. „In Mansfeld ist dann der Vater, als ein fleißiger, sparsamer, mit sich, wie mit den Seinigen harter Mann, zu Wohlstand gekommen."[2]

2.2 Schulausbildung und beruflicher Werdegang

Bereits im frühen Alter von sieben Jahren besucht Martin Luther vom Jahr 1490/91 bis 1997 die Mansfelder Stadtschule. Daraufhin verbringt er ein Jahr in der Magdeburger Domschule, woraufhin er für weitere drei Jahre auf die Pfarrschule zu St. Georgen in Eisenach geht, in der er seine Lateinkenntnisse vervollständigt. Luthers Schulzeit war geprägt von der Strenge und der damals üblichen

---

[2] Vgl. www.lexikus.de/bibliothek/Luther/Luthers-Eltern [Stand: 6.10.2017]

körperlichen Gewalt seiner Lehrer. „In der Schrift ´An die Ratsherren aller Städte deutschen Lands, daß sie christlichen Schulen aufrichten und halten sollen´ von 1524 zittern diese Erfahrungen noch nach: ´Hölle und Fegfeuer seien diese Schulen gewesen´."[3] Nach dem Abschluss an diesen Elementarschulen besucht er schließlich im Jahre 1501 die zu ihrer Zeit hochangesehene Universität in Erfuhrt.[4] „Wie an allen Universitäten ging dem eigentlichen Fachstudium ein studium generale an der Artistenfakultät voraus, wo die *artes liberales* gelehrt wurden: das *trivium* (Grammatik, Rhetorik, Dialektik) und das *quadrivium* (Arithmetik, Geometrie, Astronomie, Musik). Erst als Magister artium (1505) konnte Luther das […] Studium beginnen."[5] Bei der Wahl des Studienganges soll ihm sein Vater auch in eigenem Interesse zur Seite gestanden haben, wie er später berichten sollte: „Der Vater sagt, mit der Theologie würde ich mein Leben wegwerfen und als Mediziner würde ich selbst krank. Er schlägt also Jura vor und ich stimme zu."[6] Während der ersten Wochen seines Studiums herrschte in der Stadt Erfurt und ihrer Umgebung eine unerwartete Pestwelle, der einige seiner Mitstudenten und Professoren zum Opfer fallen. Aus Besorgnis wendet Luther sich so an die Heilige Anna, die als Schutzpatronin gegen den frühen Tod gilt. Schließlich, am Abend des 2. Juli 1505 befindet sich Luther auf dem Heimweg nach einem Besuch seiner Eltern nach Erfuhrt, als er bei Stotternheim, einem Dorf in der Nähe der Stadt, in ein heftiges Gewitter gerät. Aus seiner Todesangst heraus gelobt er eben jener Anna mit den Worten „Hilf du, heilige Anna, ich will ein Mönch werden!"[7], sein Leben der Kirche zu widmen.

2.3 Klosterzeit und Priesterweihe

Luther entschied sich schließlich für das Kloster der Augustineremeriten und trat dort am 17. Juli 1505 ein. Um jedoch als Mönch aufgenommen zu werden, musste man sich einige Monate der Selbstprüfung unterziehen. Luther war sich dessen bewusst, dennoch wollte er diesen Schritt nicht ohne das Einverständnis seiner Eltern wagen, welches er schließlich, wenn auch mit einer gewissen Enttäuschung und Verachtung behaftet, erhielt.[8] Während seines darauffolgenden einjährigen

---

[3] Vgl. Brecht S.24
[4] Vgl. Ebd. S.38
[5] Vgl. Mieck S. 102
[6] Vgl. Venzke S.12f.
[7] Vgl. Vogt-Lüerssen S.32f.
[8] Vgl. Kohnle S.38

Noviziats verhielt sich Luther so mustergültig, dass man ihn bereits währenddessen zum Priesteramt vorschlug und ihm innerhalb weniger Wochen die dafür notwendigen Weihen erteilte. Am 4. April 1507 erhielt er im Erfurter Dom die Priesterweihe.[9]

2.4 Theologische Laufbahn

Nachdem dieser ihn bereits im Jahre 1506 für das Priesteramt vorgeschlagen hatte, war es nun erneut Johann von Staupitz, der Luther für das Theologiestudium empfahl und ihn aus diesem Zweck nach Wittenberg versetzt.[10] Daraufhin folgte eine strenge theologische Laufbahn: „1508 an die erst 1502 gegründete Universität Wittenberg versetzt, erwarb er die theologischen Grade und begann 1513 seine Lehrtätigkeit als Professor der Bibelauslegung. Daneben übte er seit 1515 das Ordensamt eines Distriktvikars (Klosteraufsicht) aus und wurde 1514 Prediger an der Stadtkirche"[11]. Vor allem sein Amt als Professor prägt den Reformator sehr, besonders im Zusammenhang mit seinem engen, bereits zu seiner Zeit als Mönch erlangten Bezug zur Bibel, die auch seine späteren Schriften noch entscheidend prägen würden.[12] „Diese Zeit ist durch ein starkes Ringen Luthers um religiöse Erkenntnis geprägt. Die für ihn entscheidende religiöse Erleuchtung soll er beim intensiven Studium des Römerbriefes erlangt haben: Der Mensch erlange Gerechtigkeit allein durch die Gnade Gottes, nicht durch gute Werke (Röm. 1, 17): Denn darin wird offenbart die Gerechtigkeit, die vor Gott gilt, welche kommt aus Glauben in Glauben; wie denn geschrieben steht: ʹDer Gerechte wird aus dem Glauben leben. ʹ (Luthers Übersetzung)"[13]. Diese Erkenntnis ist für den Priester vor allem auch dahingehend bedeutend, da er aus dieser Schrift zum ersten Mal die Gewissheit entnehmen konnte, dass ihn Gott allein in seiner Gnade aufnehmen würde. Diese Lehre nannte er somit *sola-fide*-Lehre, wonach der Mensch nur durch seinen Glauben das völlige Heil erlangen konnte.[14]

2.5 Heirat und Familie

Die Reformation stellte einen grundlegenden Eingriff in vielerlei Gewohnheiten und Brauchtümer der Menschen der damaligen Zeit dar. Viele Bräuche und

---

[9] Vgl. Venzke S. 27
[10] Vgl. Ebd. S. 34
[11] Vgl. Mieck S. 102f.
[12] Vgl. Venzke S. 32
[13] Vgl. luther.de/leben/moench [Stand: 20.09.2017]
[14] Vgl. Venzke S. 35

generelle Ansichten wurden durch die Reformatoren grundsätzlich infrage gestellt oder konkret für falsch erklärt. Eines dieser Bräuche ist die traditionelle Auffassung der Ehe. Demnach wurde die Eheschließung nicht mehr als eigenes Sakrament angesehen, wobei sie sich einer grundlegenden Neubewertung unterzog. Der Zölibat der Priester war nicht mehr existent, wodurch es ihnen nun möglich war, zu heiraten.[15] Martin Luther selbst lebte jedoch erstaunlicherweise lange Zeit ehelos, ehe er am 15. Juni 1525, im Alter von 41 Jahren eine Ehe mit Katharina von Bora einging.

2.6 Spätzeit und Tod

Die letzten Jahre Luthers Leben waren überwiegend geprägt von gesundheitlichen Problemen und zugleich von einer scharfen Polemik gegenüber vielen weltlichen Würdeträgern, die sich gegen seine Lehren äußerten. So etwa Herzog Heinrich d. J. von Braunschweig-Wolfenbüttel, der mit seiner skrupellosen Art mit entschiedener Härte gegen die protestantischen Städte seines Territoriums vorging.[16] Luther verfasste im Jahre 1541 ihm gegenüber eine Diatribe mit dem Namen „Wider Hans Worst". „Heinrich bezeichnete die Evangelischen als Ketzer und beschuldigte Luther zu Unrecht, er habe den sächsischen Kurfürsten ´Hans Wurst' genannt. Darauf antwortete Luther dem ´Hans Worst´, nämlich dem Herzog von Braunschweig. ´Der grobe Filtz, Rultz und Tölpel, der Esel aller Esel'."[17] Zeit seines Lebens blieb Luther trotz seiner vielseitigen Aufgaben als Berater und Reformator ein engagierter Hochschullehrer, der zahlreiche Disputationen begleitete und über ein Jahrzehnt Dekan der Universität gewesen ist. Ebenso predigte er nahezu täglich, ehe er aus Frust über die Verdrossenheit der Wittenberger Gemeinde 1530 in einen mehrmonatigen Predigtstreit trat. Doch besonders im Alter überkamen ihn immer wieder verschiedene Krankheiten.[18] „Schwindel, Übelkeit, Kreislaufbeschwerden, Gicht und ein Harnsteinleiden warfen ihn immer wieder aufs Krankenbett."[19] Am Morgen des 18. Februars 1546 starb Martin Luther in Eisleben nach seiner letzten Reise in seine Heimatstadt.[20]

3. Luthers Reformation

---

[15] Vgl. Kohnle S. 144
[16] Vgl. Ebd. S. 188f.
[17] Vgl. Ebd. S. 189
[18] Vgl. http://www.luther.de/leben/tod.html [Stand: 05.11.2017]
[19] Vgl. Ebd. S.200
[20] Vgl. Venzke S. 116

3.1 Der Angriff auf den Ablass

3.1.1 Ursachen des Ablassstreits

Im ursprünglichen Sinn des Büßens war ein Sünder erst wieder von seinen Sünden freigesprochen worden, wenn er eine entsprechende Bußleistung vollbracht hatte und Reue für seine Tat zeigte. Zudem war eine zeitliche Strafe Gottes zu erwarten. Wenn jedoch für begangene Sünden in diesem Leben keine Buße und kein Schuldgefühl gezeigt wurde, musste der Mensch davon ausgehen, nach seinem Tod eine gewisse Zeit im Fegefeuer, einem Zwischenzustand zwischen Himmel und Hölle, verbüßen zu müssen. Aufgrund des strengen Glaubens der Menschen im Mittelalter konzentrierten sich ihre Ängste zum größten Teil auf eben diese Strafe und ihre Frömmigkeit und Buße somit auf dessen Vermeidung. An dieser Stelle tritt den Bürgerinnen und Bürgern die katholische Kirche entgegen. Sie verspricht mit ihrer Indulgenz, gemäß der lateinischen Übersetzung Ablass oder Milde, eine Ermäßigung der Bußleistung und zugleich eine Tilgung der begangenen Sünden. Somit war es der damaligen Bevölkerung ermöglicht, für einen vorgeschriebenen Preis Ablassbriefe zu kaufen, wodurch sie ihre Bußleistung umwandeln konnten. Vollendet wurde die Ablasstheorie schließlich von dem italienischen Philosophen Thomas von Aquin.[21] Dieser spricht unter anderem dem Papst eine „Ablassvollmacht"[22] zu, zudem hatte er die Möglichkeit bejaht, „daß der Ablaß auch den Verstorbenen im Fegefeuer zugewendet werden kann durch die Leistung eines Lebenden."[23] Aus diesen Gedanken heraus herrschte schließlich zur Zeit Luthers ein regelrechter Andrang zum Erwerb eines Ablassbriefes. Prediger zogen umher und verkauften vielerorts Ablässe, deren Einnahmen wiederum im Laufe der Zeit einen großen Anteil an der kirchlichen Finanzwirtschaft hatten. Aus dem Geld der Indulgenz finanzierten sich Kreuzzüge und Kirchenbauten, doch auch Fürsten erhoben vermehrt Anspruch auf Teile dieses Geldes. Wie dreist der Handel mit den Ablassbriefen und deren Erträgen damals stattgefunden hat, zeigt das Beispiel des Dominikaners Johann Tetzel[24], welches nun in verkürztem Maß dargestellt werden soll:[25] Der zweite Sohn des Kurfürsten Johann Cicero, Albrecht von Brandenburg, damals bereits Erzbischof von Magdeburg, wurde im Jahr 1514 in einer Wahl zum

---

[21] Vgl. Brecht S. 174
[22] Vgl. Ebd. S. 174
[23] Vgl. Ebd. S.175
[24] Vgl. Venzke S. 35
[25] Vgl. Ebd. S. 35

Erzbischof von Mainz bestimmt. Durch diese gemäß dem geltenden Kirchenrecht verbotene Ämterhäufung war eine Dispensgebühr fällig, außerdem verlangte die Kurie eine gewisse Summe an Palliengeldern. Jedoch hatte das Erzbistum Mainz in den Jahren 1504 bis 1514 bereits drei Mal den Inhaber gewechselt, wodurch es durch die jeweils fälligen Gebühren an Rom hoch verschuldet war. Albrecht jedoch versicherte, die Schulden zu tilgen, wodurch er letztlich in sein Amt gewählt wurde. Um seinem Versprechen gerecht zu werden, nahm er einen Kredit bei den Fuggern auf. Spätestens zu diesem Augenblick erkannte die römische Führung, aus dem neu gewählten Bischof Geschäft schlagen zu können. Somit sollte Albrecht in seinen Kirchenprovinzen den Petersablass vorantreiben, der zur Finanzierung des Petersdomes in Auftrag gegeben wurde, und die Hälfte der Einnahmen behalten, um seine Schulden bei den Fuggern zu tilgen, woraufhin dieser den Dominikaner Albrecht Tetzel zum Ablassverkauf engagierte. Die Bevölkerung hatte von all dem keine Kenntnis.[26] Zur Verdeutlichung des eben Aufgezeigten soll folgendes Schaubild dienen:

27

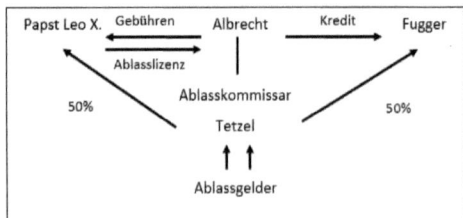

3.1.2 Briefe Luthers an die Bischöfe und die 95 Thesen

Seit dem Jahr 1515 beschäftigte sich Luther genauer mit dem Ablass und dessen Methode zum Sündenerlass. Zunächst versuchte er als Prediger, die Bürger davor zu warnen, obgleich er sich zu diesem Zeitpunkt selbst noch keine genaue Meinung zum Ablass gebildet hatte, dennoch machten ihn die „marktschreierischen Predigten Tetzels [...] nachdenklich.“[28] Doch als im Jahre 1517 Tetzel einigen Gemeindemitgliedern Luthers Ablässe verkauft, kommen diese schließlich direkt auf ihn zu und verlangen eine völlige Vergebung ihrer Sünden, jedoch ohne erkennbare Reue.[29] Diese Begegnung sollte den Beginn einer gesamten

---

[26] Vgl. Mieck S. 103
[27] Vgl. Ebd. S. 103
[28] Vgl. Brecht S. 181
[29] Vgl. Venzke S. 36

Reformation einleiten[30]: „Daraufhin protestiert Luther am 31. Oktober 1517 schriftlich bei Albrecht von Brandenburg und legt seinem Brief 95 Thesen über den Ablass bei."[31] In seinem 50. Bekenntnis spricht er etwa davon: „Wenn der Papst wüsste, wie die Ablassprediger das Geld erpressen, würde er die Peterskirche lieber zu Asche verbrennen, als sie mit Haut, Fleisch und Knochen seiner Schafe aufzubauen".[32] Ob Luther diese Thesen tatsächlich, wie später behauptet wird, zur Veröffentlichung an die Tür der Wittenberger Schoss- und Universitätskirche anschlägt, ist nicht genau nachzuweisen, fest steht allerdings, dass der Reformator sie zusätzlich an einige Freunde verschickt hatte, um damit eine Diskussion unter Gelehrten über den Ablass auszulösen. Durch den Erwerb seines Doktors in der Theologie besitzt Luther das Recht, in der Diskussion über theologische Themen Position zu beziehen, wovon er nun wissentlich Gebrauch macht. „Schon Ende 1517 kursieren Drucke der 95 Thesen in Leipzig, Nürnberg und Basel. Binnen Wochen werden sie in ganz Deutschland gelesen."[33] Rasch werden die Thesen vom Lateinischen ins Deutsche übersetzt, ehe Luther im März 1518 die auch für Laien verständliche Abschrift „Sermon von dem Ablass und der Gnade" veröffentlicht. Nachdem der Mainzer Erzbischof den Brief des Reformators direkt an den Papst weiterleitet, wird schließlich im Sommer 1518 eine gerichtliche Voruntersuchung gegen Luther eingeleitet, in der dieser seine Thesen widerrufen sollte.

3.2 Der Bruch mit der katholischen Kirche

3.2.1 Die Leipziger Disputation

Beide Parteien, sowohl Luther als auch die katholische Kirche waren im Anbetracht des großen öffentlichen Interesses darauf bedacht, den sich zuspitzenden Konflikt in einer öffentlichen Disputation auszutragen. Luthers einstiger Freund, der Ingolstädter Theologieprofessor Johannes Eck[34] sollte, ausgehend von seiner die Reformation verhöhnende Haltung die katholische Kirche vertreten, während Luther gemeinsam mit Philipp Melanchthon und Andreas Karlstadt seine Thesen verteidigte.[35] Vom 27. Juni bis zum 16. Juli 1519 argumentierte man auf der

---

[30] Vgl. https://www.evangelisch.de/inhalte/142115/13-02-2017/wie-tetzel-luther-jueterbog-auf-die-palme-brachte [Stand: 05.11.2017]
[31] Vgl. GEO Epoche S. 34
[32] Vgl. Appel S.81
[33] Vgl. GEO Epoche, S. 34
[34] Vgl. http://www.luther2017-goslar.de/reformation/luther-im-blick-seiner-zeit/91-reformation/luther-zeitgenossen/201-johannes-eck [Stand: 05.11.2017]
[35] Vgl. Venzke S. 42

Pleißenburg in Leipzig unter anderem über das göttliche Recht des päpstlichen Primats, über die Lehre des Fegefeuers und später die Buße und den Ablass. Während Eck hartnäckig an der traditionellen Stellung des Papstes und den Lehren der katholischen Kirche festhielt, war Luther der Meinung, „dass sich das päpstliche Primat nicht aus der Heiligen Schrift ableiten ließe und auch Konzilien irren könnten"[36], da dies allein aus der Schrift (sola scriptura) nicht begründet werden könnte. Zudem ließ er sich von Eck zu der Aussage hinreisen, dass nicht alle Thesen des in Konstanz verhöhnten und im 15. Jahrhundert verbrannten Ketzers Jan Hus häretisch seien. Diese Aussage entfachte während der Disputation eine so große Empörung, dass es für eine Versöhnung der Reformatoren mit Rom zu spät schien. Somit war der endgültige Bruch zwischen Luther und der katholischen Kirche besiegelt.

3.2.2 Die Schriften des Jahres 1520

3.2.2.1 Überblick über die Schriften

Während dieser Zeit war Luthers theologische und literarische Beschäftigung immens. Er veröffentlichte immer mehr Werke, in denen er seine Lehre immer weiter ausbaute und präzisierte. Der Ablass spielte hierbei nur noch eine kleine Rolle, vielmehr schöpfte er aus seiner neu entdeckten reformatorischen Position die Grundlage weitreichender Schriften. Darüber hinaus erwies sich Luther zu dieser Zeit als „brillanter Frömmigkeitsautor."[37] Er verfasste dem nach seiner Rückkehr von der Kaiserwahl erkrankten Kurfürsten Friedrich dem Weisen eine Trostschrift mit dem Titel „Vierzehn Trostgründe für die Mühseligen und Beladenen", die im Februar 1520 auch öffentlich in gedruckter Form erschien.[38] Darin beschreibt Luther in Form der traditionellen 14 Nothelfer der mittelalterlichen Kirche die sieben Übel und die sieben Güter, die den Menschen jeden Tag umgäben. Durch den Hinweis, dass der Mensch im Stande sei, auch das Unheil zu lieben und das Gute zu erkennen, gibt er Christus Gnade zum Vorschein. Abschließend verdeutlicht er dies durch das „wundervolle Bild von der Gerechtigkeit Christi als [den] Wagen, in dem ich sitze und zum Himmel gefahren werde."[39] Wie sich anhand seiner entschiedenen Haltung zeigt, verstand es Luther, die Missstände der

---

[36] Vgl. www.luther-in-Leipzig.de [Stand: 10.09.2017]
[37] Vgl. Kohnle S. 99
[38] Vgl. Ebd. S. 99f.
[39] Vgl. Brecht S. 337

Kirche aufzuzeigen und öffentlich darzulegen, dennoch musste „sich erweisen, ob seine Konzeption auch außerhalb des theologischen, kirchlichen und religiösen Bereichs Bedeutung hatte."[40] Obgleich Luther durch seine Ämter als Prediger und Seelsorger ohnehin sehr nahe mit dem Leben seiner Gemeindemitglieder in Kontakt stand, bemühte er sich in einigen seiner Schriften dennoch um ein praktisches und lebensnahes Aufzeigen seiner Thesen. So etwa beschäftigte er sich schon im Januar 1519 in einer Predigt mit der Ehe und verdeutlichte seine damals noch sehr konservative Auffassung der Sexualität. Im weiteren Verlauf dieses Jahres äußert sich Luther schriftlich zur umstrittenen Frage der Kapitalgeschäfte. In der Schrift „Ein Sermon von dem Wucher" unterstreicht er das in der Bergpredigt geforderte Leihen ohne Zinsen, welches im offensichtlichen Dissens mit den vielen Geldgeschäften der Kirche und der im Punkt 3.2.2 beschriebenen Fugger stand. All jene Schriften erfuhren im Deutschen Reich einen breiten Zulauf, wodurch sie oftmals binnen weniger Wochen von der ursprünglich lateinischen in die deutsche Sprache übersetzt wurden. So verwundert es nur wenig, dass Luther zu dieser Zeit zum „meistgelesenen deutschen Autor"[41] wurde. Doch trotz dieses großen öffentlichen Interesses, war Luther stets darauf bedacht, gezielt neue Anhänger für seine Lehren zu gewinnen. So etwa verfasste er im Jahr 1520 die sogenannte „An den christlichen Adel deutscher Nation von des christlichen Standes Besserung", um damit gezielt in der Adelsschicht auf Akzeptanz zu stoßen. Darin rief der Reformator die Fürsten dazu auf, die Reformation durchzuführen, da die Bischöfe darin versagt hätten. Zudem warb er für die Abschaffung des Zölibats und einer öffentlich zugänglichen Bildung und stellte die Fürsten vor eine Reihe allgemeiner, politischer und sozialer Probleme zu ihrer Zeit. Letztendlich lässt sich zusammenfassend feststellen, dass Luther mit seiner Vielzahl an lateinischen Schriften, die er zugleich durch rasche Übersetzungen in die Landessprache einem breitem Publikum zugänglich machte, einerseits seine Lehren und Gedanken im Volk verbreitete, andererseits dadurch aber auch methodische Werbung und Einbezug der Oberschicht immer mehr auf gezielten Zulauf bedacht war.

3.2.2.2 „Von der babylonischen Gefangenschaft der Kirche"

Eine dieser Vielzahl an Schriften, welche allesamt in den Jahren 1519 – 1520 entstanden, war in ihrem Inhalt und ihre Auswirkung so maßgeblich für den

---

[40] Vgl. Ebd. S. 339
[41] Vgl. Ebd. S. 334

weiteren Verlauf der Reformation, dass sie nun in einem gesonderten Kapitel beleuchtet werden sollte: „Von der babylonischen Gefangenschaft der Kirche".

Bereits im Jahre 1519 beschäftigte Luther sich in den Sakramentssermonen eigens mit den sieben Sakramenten, wobei er jedoch an manchen Stellen sehr zurückhaltend argumentiert. Daraufhin folgt im April 1520 ein weiterer Sermon, das sich speziell mit der Fortentwicklung der Messe beschäftigt. Er führt die Messe zurück zu ihren Ursprüngen und betont, dass Christus „die alttestamentliche[n] Gesetzte aufgehoben und nur die Messe befohlen [habe]; alles andere sind menschliche Zusätze." [42]Demnach steht es dem Menschen zu, frei auf Gott zuzugehen, ohne den ersten Stein zu legen, während Gott ihm ohne sein Ersuchen entgegenkommt. Im Vergleich zur ersten Schrift 1519 wird in dieser die Vergebung der Sünden und das ewige Leben als Gaben des Abendmahls bezeichnet, welche in der Form von Brot und Wein dem Menschen vor Augen geführt werden. In ihrer Gesamtheit kann so die Messfeier kein Opfer sein, dass die Menschen Gott entgegenbringen, sondern vielmehr eine „engste Verkehrung, entstanden aus den Opfergaben im Eucharistiegottesdienst."[43] Ausgehend von dieser Auffassung entsprach das Bild des Priesters nicht mehr der klassischen Funktion des opfernden Messpriesters, wodurch auch das Sakrament der Priesterweihe nicht mehr seiner ursprünglichen Rolle entsprach. Luther erkannte die Konsequenz dieser neu erlangten Sakramentauffassung und entwickelte sie noch in diesem Jahr gemeinsam mit Philipp Melanchthon weiter. Auf eine erste Gegenschrift seines altbekannten Gegners Augustin von Alveldt antwortete Luther zunächst nicht, deutete jedoch schon im Schlusswort seiner Schrift an den christlichen Adel (siehe Punkt 3.2.2.1) eine baldige Veröffentlichung an. Am 6. Oktober 1520 erschien schließlich die Schrift „Von der Babylonischen Gefangenschaft der Kirche". Sie überbot alles, was Luther bisher gegen die katholische Kirche geschrieben hatte, gleichzeitig bezog er darin das erste Mal eindeutig Position gegenüber bestimmter Themen. So etwa forderte er erneut eine Einstellung der Ablassschriften, zugleich sollte den derzeit im Umlauf befindlichen der Zusatz angefügt werden: „Die Ablässe sind die Nichtsnutzigkeiten er römischen Schmeichler."[44] Zusätzlich verlangte er einen ähnlich derben Zusatz zur Person des Papstes in seinen bisher veröffentlichten Schriften gegen das Papsttum. Im „Vorspiel" der Schrift beschäftigt sich Luther mit

---

[42] Vgl. Brecht S. 362
[43] Vgl. Brecht S. 363
[44] Vgl. Ebd. S. 363

den Sakramenten, wobei er nun erstmals öffentlich ihre Siebenzahl leugnet und zugleich nur noch die Sakramente Taufe, Buße und Abendmahl anerkennt. Luther beschäftigte sich zu seiner Zeit explizit mit der Sakramentenfrage, in dessen Mittelpunkt es steht, die „sacramenta divinitus instituta", die „von Gott eingesetzten Sakramente" zu ergründen. So etwa argumentierte er, dass Jesus gewiss zu seiner Zeit den Menschen zum Heil die Hand aufgelegt hatte, darin allein sah er allerdings keine Rechtfertigung für ein eigenes Sakrament im Sinne der Konfirmation, zumal er auch in der Bibel keinen eindeutigen Nachweis dafür fand. Überspitzt formulierte er seine These schließlich: „Wenn alles, was die Apostel taten, ein Sakrament sein solle, dann muß auch die Predigt eins sein."[45] Zum Teil wiederruft Luther dabei auch seine 1519 aufgestellten Thesen im Abendmahlsermon. In seiner sogenannten zweiten Gefangenschaft beschäftigt sich Luther mit der im Hochmittelalter entwickelten Transsubstantiationslehre. Gemäß der katholischen Auffassung wandelt sich die Substanz von Brot und Wein in Leib und Blut Christi, während ihre äußere Gestalt gleichbleibt. Luther selbst teilt in diesem Punkt andere Auffassungen, die er jedoch nicht ausführlich darlegt. Bedeutend war für ihn allerdings, dass „der Leib Christi aus der Kraft des Wortes im Abendmahl da ist. Das Wort Christi bringt die Elemente und Christus zusammen."[46] Abzulehnen war für ich lediglich die Tatsache, dass „sich während der Einsetzungsworte des Priesters die Substanzen Brot und Wein in die Substanzen Leib und Blut wandeln, worauf Brot und Wein nur noch äußerlich vorhanden sind."[47] Dies begründet er mit der Übersetzung des Originaltextes: „Hic est meum corpum", „dies ist mein Blut" bedeutet nicht „Mein Leib ist darin", welches das lateinische Pronomen „hoc" erfordern würde. Obgleich er wusste, dass er dadurch eine ganze herrschende Wissenschaft umwerfen musste, war er sich seines Glaubens sicher und ging fest davon aus, dass die gottloseste Gefangenschaft des Abendmahls darin bestand, dass man daraus ein Werk oder Opfer gemacht hatte, woraus sich Geldschneiderei, Bruderschaften, Verdienste und die ganze Alimentierung der Priester und Mönche entwickelt hatte.[48] Des Weiteren sieht Luther keine stichhaltige biblische Legitimierung der Sakramente Ehe, Priesterweihe und letzter Ölung. Überdies legt Luther einige Veränderungen des Eherechts an den Tag, wonach zum einen die

---

[45] Vgl. Hareide S.33
[46] Vgl. Brecht S.364
[47] Vgl. Appel S. 84
[48] Vgl. Brecht S. 364

Klausel bezüglich verbotener Verwandtschaftsgrade der Liebenden gelockert werden sollte, zum anderen schließt er eine Scheidung der Ehe nicht von vornherein aus, sofern sie durch nachvollziehbare Gründe, wie etwa die Impotenz eines Partners als notwendig erscheint. Außerdem gestattet er auch den Priestern, eine Ehe zu schließen. Die Taufe jedoch lässt er in ihrer sakramentalen Bedeutung weitestgehend unberührt, allerdings verweist er ausdrücklich auf die Freiheit eines jeden Christen, die es eindeutig verbietet, einem Getauften aus seiner Freiheit heraus Auflagen zu machen. Mit seiner Schrift „Von der babylonischen Gefangenschaft der Kirche" hatte Luther auf eine bewusst herbeigeführte Konfrontation mit seinen katholischen Gegnern gesetzt. Dies zeigt allein der äußerst kirchenkritische Titel, welcher andeutet, dass die katholische Kirche wie einst das Volk Israel im Exil gefangen gehalten wird. Ob er sich jedoch bewusst war, welche Konsequenz diese Schrift, die in der Tat alle bisherigen Schriften in jeglicher Hinsicht in den Schatten stellte, mit sich zog, lässt sich im Nachhinein nur noch wenig feststellen. Fest steht allerdings, dass ihm bereits 1519, nach der ersten Veröffentlichung seines Sermons über die Sakramente bewusst war, nun gemäß seinen Worten einen „neuen Brand"[49] entfacht zu haben.

3.2.3 Der Bann

Um den Bruch von Luther auch von römischer Seite in die Wege zu leiten, wurde schließlich in der zweiten Hälfte des Jahres 1519 der Lutherprozess erneut mit energischer Führung betrieben.[50] Am 9. Januar 1520 hatte ein Italiener den Papst während eines öffentlichen Konsistoriums dazu aufgefordert, „gegen Luther und seinen Beschützer Friedrich den Weisen vorzugehen, um damit eine unheilbare Wunde am Körper der Kirche auszuschneiden, bevor sie diesen ganz vergifte."[51] In weiteren Konsistorien wurde schließlich auch unter Einbezug Luthers früheren Wegbegleiters Johann von Staupitz und des Theologen Ecks an einer Bulle gegen Luther gearbeitet, ehe schließlich am 15. Juni 1520 eine Bannandrohungsbulle gegen Luther durch den Anschlag an die Peterskirche und der Päpstlichen Kanzlei öffentlich gemacht wurde.[52] Zwar wurde der Bann selbst noch nicht verhängt, doch er drohte ihm, sollte Luther nicht binnen einer Frist von 60 Tagen nach der Veröffentlichung seine Thesen widerrufen, zugleich würden ihm und seinen

---

[49] Vgl. Brecht S. 362
[50] Vgl. Kohnle S. 97
[51] Vgl. Brecht S. 371
[52] Vgl. Venzke S. 43

Anhänger die Strafen der notorischen Ketzerei auferlegt werden. Luther jedoch ließ sich von den Drohungen der Kirche nicht einschüchtern und verbrannte die Bulle gemeinsam mit einem Exemplar des Corpus Iuris Canonici (Kirchenrecht) am 10. Dezember, den 61. Tag nach dem Erhalt öffentlich.

4. Heinrichs „Assertio Septem Sacramentorum"

4.1 Kurzbiographie Heinrich VIII.

Heinrich VIII. Tudor wurde als jüngerer Sohn des amtierenden englischen Königs Heinrich VII. und dessen Frau Elizabeth of York am 28. Juni 1491 in Greenwich geboren. Nach dem unerwarteten Tod seines älteren Bruders Arthur wurde er im Jahre 1502 zu Englands Thronerbe ernannt.[53] Während seiner Jungendzeit unterzog er sich einer strengen Renaissanceausbildung, durch die er mehrere Sprachen sprach und sich vielfältig kulturell beschäftigte. Dazu gehörte auch eine grundlegende Ausbildung zum Verhalten und öffentlichen Auftreten, der sich Heinrich bereits früh fügte. Erasmus von Rotterdam beschreibt dies von einem seiner vielen Besuche am königlichen Hof: „Als wir in die Halle kamen, war alles Gefolge versammelt […]. In der Mitte stand Heinrich, neun Jahre alt, bereits mit einem gewissen königlichen Auftreten ausgestattet, ich meine einer Geistesgröße, kombiniert mit erstaunlicher Höflichkeit."[54] Außerdem gewann er ein wachsendes Interesse an theologischen Themen, wodurch er schon bald mit seinen Lehrmeistern tiefgründige theologische Fragen erörterte. Um das Bündnis mit Spanien zu erhalten, bestimmte Heinrichs Vater Heinrich VII. den jungen Thronfolger zur Heirat mit der Witwe seines verstorbenen Bruders, Katharina von Aragon, sobald er das 14. Lebensjahr erreicht hatte. Jedoch kam es ausgehend von einer Streitigkeit Heinrich VII. und Katharinas Vater Ferdinand von Aragón zu keiner Eheschließung während dessen Regentschaft, ehe dieser im Jahr 1509 nach längerem Siechtum dem Tode erlag.[55] Somit wurde „am 21. April […] der Prinz von Wales im Alter von siebzehn Jahren und neun Monaten König Heinrich VIII., König von England, König von Frankreich und Lord von Irland."[56] Doch schon drei Monate nach seiner Thronbesteigung heiratete er wohl mehr aus Liebe als aus politischen Interessen

---

[53] Vgl. Ridley S. 11ff.
[54] Vgl. Appel S.72
[55] Vgl. Ridley S. 29ff.
[56] Vgl. Ebd. S. 35

Katharina von Aragon, aufgrund des letzten Willens seines Vaters, wie er sagte. [57]
Doch nach zwei Totgeburten und zwei weiteren früh verstorbenen Nachfahren
zweifelte Heinrich VIII. schon bald an ihrer gemeinsamen Ehe, zumal fühlte er sich
durch das Buch Leviticus in seinen Bedenken bestärkt, in dem es heißt, dass ein
Mann, der die Witwe seines verstorbenen Bruders zur Frau nehmen sollte, kinderlos
bleiben wird (3. Mose/Leviticus 20,21). 1525 verliebt sich der junge König in Anne
Boleyn, die Tochter eines Diplomaten am königlichen Hof. Heinrich schrieb ihr
eine Vielzahl an Liebesbriefen und verwöhnte sie mit Geschenken, doch Anne
wollte anerkannte Königin werden, wozu eine Heirat unabdingbar war. So
verlangte Heinrich VIII. schließlich von Papst Clemens VII. die Annullierung
seiner Ehe von Katharina von Aragon, doch dieser verbot unter der Androhung der
Exkommunikation eine Scheidung der Beiden im Jahre 1531. Dennoch heiratete
Heinrich Anne am 25. Januar 1533 unter Geheimhaltung. Die Ehe der beiden wurde
zugleich vom Erzbischof von Canterbury als gültig erklärt, woraufhin am 11. Juli
1533 eine Bannandrohung des Papstes erfolgte. [58] Heinrich allerdings ließ sich
davon nicht beirren und erklärte sich in der am 3. November 1534 erschienenen
Suprematsakte als alleiniges Oberhaupt der englischen Kirche. Außerdem
enteignete er alle katholischen Klöster seines Landes und löste sie auf, wodurch der
Bruch mit Rom endgültig vollzogen war. [59] Dem englischen Volk wurde unter Eid
Heinrichs Oberhoheit über die englische Kirche auferlegt, woraufhin im Jahre 1538
die endgültige Exkommunizierung und der Bann durch den Papst erfolgte. [60] Die
englische Kirche war somit von Rom unabhängig. [61] Doch schon bald schien
Heinrichs Liebe zu Anne abzuschwächen. Spätestens als auch sie nach einer
gemeinsamen Tochter und einer Fehlgeburt dem König keinen männlichen
Thronfolger schenkte, endete Heinrichs Geduld und er ließ sie am 19. Mai 1536
hinrichten. „Sie war wegen Ehebruch, Hexerei und Verschwörung zum Mord am
König verurteilt worden.“ [62] Jedoch dauerte es nur wenige Wochen, ehe eine weitere
Frau an Heinrichs Seite stand. Jane Seymour, eine Hofdame, die bereits zur Zeit der
Katharina von Aragon am königlichen Hof beschäftigt war, hatte bereits noch zu
Lebzeiten Anne Boleyn ein äußerst gutes Verhältnis zum Herrscher und wurde von

---

[57] Vgl. Ebd. S.39f.
[58] Vgl. Appel S. 75
[59] Vgl. Ridley S. 277f.
[60] Vgl. Ebd. S.239
[61] Vgl. Markert S. 124
[62] Vgl. http://www.nordkomplott.de/stimmen-aus-grab-geist-von-anne-boleyn/ [Stand: 8.10.2017]

ihm, ähnlich wie einst Anne mit zahlreichen Geschenken überhäuft. Doch „Johanna weigerte sich wie zuvor Anne, Heinrichs Geliebte zu werden"[63] und zielte auf eine baldige Heirat mit dem König ab, jedoch zögerte Heinrich zunächst mit einer öffentlichen Bekanntmachung seines Verhältnisses mit der im Volk relativ unbekannten Jane Seymour.[64] Doch schließlich folgt am 30. Mai 1536 die Vermählung mit Jane, ehe sie am 4. Juni zur englischen Königin ausgerufen wurde. In damaligen Berichten wird die Königin als fromme und sanftmütige Frau beschrieben, die so im völligen Gegensatz zur aufgewühlten Anne Boleyn stand. Am 12. Oktober 1537 gebar Jane den Thronfolgen Eduard, dessen Geburt für Heinrich als prägendes Ereignis gegolten haben soll. Doch bereits kurze Zeit später folgten für die junge Mutter einige schwere Krankheiten, ehe sie am 24. Oktober nur 12 Tage nach der Geburt ihres Sohnes starb. Heinrich verfiel daraufhin in eine tiefe Depression und ordnete eine mehrmonatige Staatstrauer an. Insgesamt heiratete Heinrich VIII. noch drei weitere Male, eine seiner Gemahlinnen ließ er ähnlich wie Anne Boleyn hinrichten. Sein Erbe erhielt nach seinem Tod im Jahre 1547 zunächst seien Sohn Eduard, nach dessen frühem Tod an seine älteste Tochter Elisabeth, die aus seiner Ehe mit Anne Boleyn hervorging.

4.2 Anlass und Inhalte der „Assertio"

4.2.1 Anlass der Schrift

Die ersten Jahre Heinrichs Regentschaft waren überwiegend geprägt von Jagdausflügen, Banketten und sportlichen Wettkämpfen, in denen ihm seine athletische Figur oftmals zu glanzreichen Siegen verhalf. Im Jahr 1511 jedoch trat er der von Papst Julius II. ins Leben gerufenen Heiligen Liga bei, die zur Bekämpfung der Expansionspolitik Frankreichs diente.[65] Das Volk erwartete von einem drohenden Krieg mit Frankreich einen Sieg Heinrichs und erinnerte sich dabei an die „glorreichen Tage von Azincourt, als Heinrich V. von England die zahlenmäßig überlegenen Truppen des französischen Königs besiegte."[66] Doch die Feldzüge verliefen enttäuschend und so kämpfte er nun anstelle einer Fortsetzung der Tage von Azincourt nur noch als Teil der heiligen Liga an der Seite Habsburg-Spaniens für die katholische Kirche. Dies tat er jedoch nicht ohne eigenem

---

[63] Vgl. Ridley S. 294
[64] Vgl. Ebd. S. 278f.
[65] Vgl. Ridley S.141ff.
[66] Vgl. Appel S. 71

Interesse, welches gemäß seinen Aussagen im Erwerb eines christlichen Titels lag, den er durch einen erfolgreichen Dienst der Kirche gegenüber verdienen wollte.

Ähnliches hatten bereits der Kaiser des Heiligen Römischen Reiches, der den Beinamen „allerchristlichster König" trug, oder auch der König von Frankreich erlangt, allein der englische Herrscher war noch nicht im Besitz eines derartigen Namenszusatzes. Und so entschloss sich der damals noch überaus kirchentreue Heinrich VIII. im Jahre 1518, nur wenige Monate nach Luthers Thesenverbreitung dazu, die Kirche und den Papst mithilfe einer eigenen Schrift gegenüber dem Reformator zu verteidigen. Dies tat er einerseits deshalb, weil er als treuer Verfechter des christlichen Glaubens Luthers Ansichten persönlich als Ketzerei verurteilte, andererseits deshalb, weil er durch diesen Dienst der Kirche gegenüber die Verleihung eines Titels erwartete. Bereits im Januar desselben Jahres hatte Heinrich ein Manuskript ausgearbeitet, das bereits im Juli vollendet war. Allerdings beließ es der junge König bei dieser Fassung seiner Verteidigung und vernachlässigte sie die nächsten dreieinhalb Jahre, ohne sich weiter mit ihr zu beschäftigen. Erst im Sommer 1521 griff er sie wieder auf und integrierte sie vermutlich als die ersten beiden Kapitel seiner Hauptverteidigungsschrift, der sogenannten „Assertio Septem Sacramentorum".

4.2.2 Inhalte der Schrift

Die Vermutung, Heinrich VIII. hätte die ersten beiden Kapitel bereits einige Zeit vor der übrigen Schrift verfasst, würde auch die deutlichen sowohl inhaltlichen als auch sprachlichen Unterschiede des Anfangs verglichen mit dem Rest der Schrift erklären. Dabei setzt Heinrich sich zu Beginn vor allem mit dem Ablass und der päpstlichen Autorität auseinander. Auf Luthers Bezeichnung des Ablasses als „Götzendienst römischer Scheinheiligkeit"[67] antwortet mit dem Vorwurf, Luther bewiese „damit eine korrupte und verrottete Seele."[68] Weiter spricht er davon, dass es falsch von Luther sei, „die Menschen dazu anzustiften, auf die Reichtümer ihrer eigenen Bußfertigkeit zu vertrauen und die Schätze der heiligen Kirche und die Mildtätigkeit Gottes zu verachten."[69] Um seinem persönlichen Ziel, dem Papst zu schmeicheln und später einen christlichen Titel verliehen zu bekommen, widmet er dem Oberhaupt der Kirche ein eigenes Kapitel. Darin begründet er die Autorität des

---

[67] Vgl. Appel S. 77
[68] Vgl. Ebd. S. 77
[69] Vgl. Ridley S. 139

Pontifex mit dem Hinweis: „die gewaltige Macht des Bischofs von Rom, also des Heiligen Vaters, könne nur derart sein, weil sie von Gott komme, denn sonst wäre sie eben nicht so gewaltig."[70] Ähnlich rechtfertigt er die „gewaltigen Reichtümer"[71] des Papstes. Überdies wird berichtet, dass Heinrich seinem Sekretär angewiesen habe, „den Papst bei der Überweisung der Schrift den Beschluss des Königs kund zu tun, ´[to] put a Stop to Heresies´, also die Ketzerei mit Gewalt auszurotten."[72] Doch allein der Titel „Assertio Septem Sacramentorum", welches gemäß der deutschen Übersetzung „Behauptung der sieben Sakramente" heißt, deutet darauf hin, dass Heinrich sich entschieden etwa gegen Luthers Infragestellung der Siebenzahl der Sakramente stellt. So etwa reagiert er auf Luthers Forderung in der Schrift „Von der babylonischen Gefangenschaft der Kirche", einen Beweis des „sakramentalen Charakters der Handauflegung"[73] in Form eines entsprechenden Bibelzitates anzustellen, das das Sakrament der Konfirmation rechtfertige, zunächst mit Empörung. Später allerdings verdächtigt er Luther, diese Forderung nur anzustellen, weil dieser angeblich wüsste, dass es dafür keine explizierte Beweislast gäbe. Daraufhin versucht er sich mit einer Rechtfertigung: „Der Kirche stehen doch noch andere Quellen zur Verfügung. Johannes erwähnt im letzten Kapitel seines Evangeliums die vielen Taten Jesu, die nicht aufgeschrieben worden sind. […] Wir sind es ihr daher schuldig, auch diese Dinge zu glauben, selbst wenn sie nicht im Evangelium zu lesen sind."[74] Daraufhin verweist er auf einen Ausspruch des Augustin, wonach das Evangelium im Herzen der Gläubigen stärker sei als jegliches Geschriebene. Weiter behauptet er in Bezug auf die oftmals zur Verteidigung herbeigezogene Tradition der katholischen Kirche sinngemäß: „Wenn auch nicht jede einzelne Glaubenslehre, die in der Tradition ruht, mit Schriftworten untermauert werden muß, so ist doch die Wahrheit der Tradition auf der Schrift gegründet."[75] So spricht er davon, Luthers These widerlegt zu haben, wobei dessen ursprüngliche Forderung nach einem expliziten Schriftbeweis unbeantwortet bleibt. Besonders erzürnt schien Heinrich jedoch Luthers Behauptungen über die Transsubstantiationslehre zu haben, da er deren Widerlegung ganze 35 Seiten widmete. Wie bereits im Punkt 3.2.2.2 dargestellt,

---

[70] Vgl. Appel S.82
[71] Vgl. Ebd. S.82
[72] Vgl. Weiler S.30
[73] Vgl. Hareide S.34
[74] Vgl. Ebd. S.34f.
[75] Vgl. Ebd. S. 35

lehnte Luther es ab, dass „sich während der Einsetzungsworte des Priesters die Substanzen Brot und Wein in die Substanzen Leib und Blut wandeln, worauf Brot und Wein nur noch äußerlich vorhanden sind."[76] Luther sah darin einen menschlichen Zusatz, der während der vergangenen 300 Jahre entstanden sei, welcher jedoch biblisch nicht zu begründen sei. Heinrich reagiert daraufhin mit einer Aufzählung an Gelehrten, wie etwa Hugo von Sankt Viktor, Augustinus oder Gregorius Nissemus, welche allesamt bereits vor mehr als 300 Jahren die katholischen Thesen zu jener Lehre belegt hatten. Es gilt allerdings als ziemlich wahrscheinlich, dass diese Autoren und ihre entsprechenden Zitate dem König zur Verfügung gestellt wurden, da ein Laienautor wie er es wohl kaum binnen weniger Wochen geschafft hätte, derartig tiefgreifende und passgenaue Beispiele zu suchen.[77] Im Allgemeinen liegt die Vermutung nahe, dass Heinrich VIII. die komplette Schrift nicht aus eigener Hand geschrieben und die nötigen Informationen erforscht hatte. Zum einen stand Thomas More, einer der damals engsten theologischen Mitarbeiter des Königs mit Luther im engeren Kontakt. Zum anderen nahm der damals ebenso in der theologischen Beratung des Königs tätige Bischof John Fisher „sehr stark an der Debatte über die Gedanken Luthers in De captivitate teil und gab in dieser Verbindung mehrere Kampfschriften gegen Luther heraus."[78] Zudem erkennt man besonders bei der Lektüre der Briefe Heinrichs an seine Geliebte Anne Boleyn, die zweifellos aus des Königs Hand stammen, eine oftmals kindlich anmutende und ungeübte Schrift, welche im deutlichen Gegensatz zu jener der „Assertio" stand. Der Papst jedoch bewunderte Heinrichs Schrift regelrecht und verlieh ihm daraufhin durch eine Bulle vom 11. Oktober 1521 den christlichen Titel „Defensor fidei", den „Verteidiger des Glaubens".

5. Luthers Antwort auf die „Assertio"

5.1 Luthers Beweggründe zu einer Gegenschrift

„Dr. Martin Luther hatte gewiss Dringlicheres zu tun, als einem dilettierenden König auf seine hobbytheologischen Exzerpte zu antworten – und zwar so ausführlich, dass es in aller Form als akademische Gegenschrift gelten mochte, so wenig der Adressat diese Ernsthaftigkeit auch verdiente." [79]

---

[76] Vgl. Appel S. 84
[77] Vgl. Appel S. 85f.
[78] Vgl. Hareide S.34
[79] Vgl. Appel S.99

So oder ähnlich formuliert ist in der Wissenschaft oftmals eine persönliche Meinung zu Luthers Antwort auf Heinrichs „Assertio Septem Sacramentorum" zu lesen. Dennoch hatte Luther gewiss einige rationale Gründe gehabt, die ihn schließlich dazu verleitet hatten, ein etwa 69-seitiges Antwortschreiben auf Heinrichs '"Assertio" zu verfassen. Einer davon war gebündelt in der Person Hieronymus Emser. Nachdem der Papst nach der Veröffentlichung Heinrichs Werk jedem, der die Schrift gelesen hatte, den Sündenerlass versprach, war die Nachfrage der Schrift so groß, sodass bereits im Juni 1522 eine deutsche Publikation der Schrift erschien. Herausgegeben wurde sie von dem deutschen Theologen Hieronymus Emser. Da dieser ein ausgesprochener Gegenspieler Luthers war und bereits seit 1519 mit ihm in leidenschaftlicher Disputation stand, war es für Luther eine Art „Ehrensache"[80], der Schrift eine angemessene Antwort entgegenzusetzen, die jedoch überwiegend Emser und nicht Heinrich VIII. galt. Ebenso sah er es als eine Aufgabe des „treuen Christen willen."[81] Dennoch ist Luther abgesehen von den gesellschaftlichen Gründen auch ein gewisses Eigeninteresse an einer Erwiderung der Schrift nicht abzusprechen, wonach in der Schrift oftmals der Eindruck erweckt wird, als mache es Luther nahezu Spaß, die königlichen Argumente auseinanderzunehmen.[82]

5.2 Die Schrift „Contra Henricum Regem Angliae"

5.2.1 Generelle Informationen

Bevor Luther Heinrichs Schrift überhaupt gelesen hatte, zweifelte er dessen Autorenschaft bereits an. Damals hatte er mehrere Bischöfe im Verdacht, unter anderem Edward Lee, dass sie Heinrich beim Verfassen der Schrift zur Seite standen. Doch auch in seiner Antwortschrift geht er oftmals auf dieses Thema ein: „Es meynen viel, König Heinrich habe diß buchlin nicht selb gemacht … Es hab könig heyntz odder kuntz, teuffel odder die helle selbt gemacht."[83] Dabei verwendet er bewusst das Namensspiel „heyntz" und „kuntz", wobei Luther mit „kuntz" wohl auf den Kardinal von York, Thomas Wolsey anspielt, dessen Mitautorschaft er ebenfalls oftmals vermutete. Doch diesen Vorwurf behandelt Luther in seiner Gegenschrift eher nebensächlich, mehr noch lobt er den König offen für dessen

---

[80] Vgl. Appel S. 99
[81] Vgl. Ebd. S.99
[82] Vgl. Ebd. S. 111
[83] Vgl. Braun S. 66

„elegantes Latein"[84]. Am 1. August des Jahres 1522 erschien schließlich Luthers erste Fassung einer Antwort in deutscher Sprache unter dem Namen „Antwort deutsch auf König Heinrichs Buch", etwa Ende September folgte eine von Luther selbst übersetzte Direktübersetzung der original lateinischen, an Heinrich gerichteten Schrift. Ob Luther die deutsche Erstfassung und die lateinische Originalschrift gleichzeitig anfertigte, oder eine davon erst später übersetzte, lässt sich im Nachgang nur schwer feststellen. Fest steht allerdings, dass sich sogar Luthers engste Freunde schon bald bei ihm meldeten und sich über den wörtlich „rüden Ton"[85], den Luther gegenüber dem König anschlug, bestürzt äußerten. Generell waren sie es von Luther gewöhnt, dass er seinen Gegnern oft schonungslos gegenübertrat, doch in der etwas hastig geschriebenen ersten Fassung wirken Luthers Aussprüche durchaus als derbe Anmaßungen, so etwa „Also viel Hirns ist dieses Königs Kopf nicht"[86], oder „Nun liegt dem Luther an dem Dünkel des Königs von England eben so viel, als an dem Dünkel des Kuckucks."[87] Gewiss war Luther mit seiner Auffassung, der weltliche König habe mit geistigen Angelegenheiten eher wenig zu tun und sollte sich daher ihnen fernhalten, nicht gänzlich falsch gelegen, doch der Reformator versucht, in seiner Schrift dem König „quasi jede Denkfähigkeit absprechen zu wollen. 'Wie fein stünd´s einem Könige an, daß er sein Land regierte, und ließe diese Sache treiben, die sie können? Was ist´s, daß ein Esel will den Psalter lesen, der nur zum Sacktragen gemacht ist? ´"[88]. Dies mag selbst für Luthers Verhältnisse etwas zu despektierlich wirken, obgleich er in der später erschienenen deutschen Direktübersetzung seinen Ton etwas mäßigt, möglicherweise auf das eindringliche Anraten seiner Freunde hin. Dennoch soll an dieser Stelle die Gelegenheit genutzt werden, auf Luthers Mut hinzuweisen, mit der er damals seinen Gegnern gegenübertrat: Er bezeichnete den regierenden englischen König öffentlich als Esel, ohne dass er irgendwelche Konsequenzen für ihn und seine Reformation fürchtete, eine zu damaligen Verhältnissen ungeheuerliche Tat.

---

[84] Vgl. Appel S. 100
[85] Vgl. Appel S. 100
[86] Vgl. Ebd. S.101
[87] Vgl. Ebd. S.101
[88] Vgl. Ebd. S.101

5.2.2 Aufbau und Inhalte der Schrift[89]

90

„Antwort Deutsch Doctor Martin Luthers auff
König Heinrichs von Engelland Buch - Lügen
thun mir nicht - Warheit scheu ich nicht,
Martinus Luther von Gottes Gnaden /
Ecclesiastes zu Wittemberg/ ", Allen die diß
Büchlein lesen oder hören/ Gnade und Friede in
Christo/ AMEN. "

Mit dieser Grußformel, die abhängig von der jeweiligen Auflage und Druckerei meist wie zu sehen das gesamte Deckblatt beansprucht, beginnt die „Antwort deutsch auf König Heinrichs Buch". Bereits in diesen ersten Zeilen lässt sich Luthers Zynismus ablesen, in dessen stetiger Begleitung er die erste Fassung des Antwortschreibens verfasst. Mit der Verwendung des Terminus „Engelland" anstatt des damals üblichen „Englands" legt er in überspitzter Form seine Meinung offen, dass der König mit seiner überaus kirchentreuen und reformkritischen Haltung bei ihm den Eindruck erwecke, als sei er König eines Landes voller Engel, eine für damalige Verhältnisse überaus wagemutige Beleidigung. Wie auf dem Bild zu sehen ist der scheinbare Druckfehler wie selbstverständlich auf dem Titelblatt zu sehen. Doch bereits kurz nach dieser förmlichen Anrede beginnt Luther mit seinem eigentlichen Thema. In den ersten Zeilen spricht er davon, vor zwei Jahren eine Schrift veröffentlicht zu haben, „mit Namen die Babylonische Gefängnüß, das hat die Papisten unsinnig gemacht und haben sich drüber verlogen und verhasset daß mich ihrer erbarmet. Jederman hätte es gerne verschlungen aber der Angel ist ihnen zu hart und zu scharff gewest."[91] Nach einem weiteren rügenden Satz gegenüber seiner Feinde verweist Luther in einem neuen Absatz zugleich auf seinen Adressaten. „Zuletzt hat Heinricus von Gottes Ungnaden König von Engelland

---

[89] Anmerkung: Aus Gründen des Erhaltens der Tradition und der besseren Nähe zum Originaltext wird in den folgenden Zitaten auf die Ersetzung des altdeutschen „s" durch das neudeutsche „s" verzichtet.
[90] https://www.deutsche-digitale-
bibliothek.de/item/U2KI3XTNXZOW4OHE4YEP4RRYK2C5QJR7 [Stand: 25.10.2017]
[91] Vgl. Officin, S. 189

Lateinifch dawieder gefchrieben, das ift nun auch verdeutfcht in Meiffen und da meinen fie dem Luther fey gerathen. Und zwar wenns nicht Sünde wäre möcht ich den wütigen Geiftern zur Straff ihres Haffes und Lügens wol gönen die Blindheit, daß fie folchs Buch für ein gut und recht Buch hielten und ihrem Verdienft nach nur immer anftatt der Warheit folch Irrthum & Lügen und Gauckel gefchwätz haben müffen."[92] Dieser exempelhafte Ausschnitt aus Luthers Antwort Schrift wiederspiegelt deutlich den raubeinigen Ton, den der Reformator bereits zu Beginn anschlägt. Doch auch später mäßigt er seien rüden Worte nur wenig. Bevor Luther jedoch überhaupt auf den eigentlichen Teil seiner Gegenschrift, der Widerlegung der königlichen Argumente kommt, stellt er der „Antwort deutsch auf König Heinrichs Buch" eine deutliche Meinungsäußerung gegenüber der Kirche bevor. Zunächst richtet sich sein Zorn gegen die Kirche selbst, indem er schreibt: „Die Papisterei ist eine Pestilenz, nichts Geringeres, und ihre Anhänger sind ´die Kinder einer in Purpur prangenden Hure´".[93] Des Weiteren prangert Luther die allgemeine Argumentationsstruktur seiner Gegner an. Demnach stütze diese sich stets auf den Verweis darauf, dass gewisse Dinge schon seit Menschengedenken in dieser Weise praktiziert wurden, und dies genug der Rechtfertigung ist, wieso sie auch heute noch so gemacht werden und auch für richtig erklärt werden. Konkret schreibt Luther dazu: „Ich frage: aus was für Macht thut ihr das? Sie sagen: weil wir so thun und so gethan haben. Es stehe anstatt einer vernünftigen Ursache der Wille; statt der Macht der Brauch, statt des Rechts die Gewohnheit." Unterdessen baut Luther in seinen Ausführungen stets direkte Angriffe gegenüber des Adressaten ein, indem er oftmals seine literarischen oder theoogischen Kompetenzen infrage stellt, ohne dabei konkret auf den Zusammenhang oder auf Heinrichs Schrift einzugehen. Etwa schreibt er zu Beginn: „Hier hat der erbärmliche Schreiberling, dem jedes ordentliche Können fehlt, mit giftigen Worten bewiesen, wie gut er es versteht, eine Menge Papier zu bekleckern – eine wahrhaft königliche Tat! […] Der prahlerische König wendet lediglich einen rhetorischen Trick an."[94] Schließlich jedoch widerlegt der Reformator das erste Argument aus Heinrichs Schrift. Den Beginn dieses Kapitels leitet er mit folgender großen, mittig zentrierten Überschrift ein: „Stück infonderheit fo der König beweifet wieder mich." Entschieden spricht sich Luther entgegen der oftmals propagierten Geschichte aus, wonach er „zu den

---

[92] Vgl. Ebd. S. 189
[93] Vgl. Appel S. 102
[94] Vgl. Weiler S.31

Böhmen abgewandert [sei], also der Ketzer sei zu den Ketzern geflohen.“[95] Auch Heinrich verbreitet diese Unwahrheit in seiner Schrift, wonach der Reformator bereits vor drei Jahren ausgewandert sei. Weiter beginn Luther mit der Beschreibung eines nahezu „apokalyptischen Endkampf[es]“[96], in dem gemäß Gottes Prophezeiung er und der Papst um die Wahrheit kämpfen werden, wobei er als „Gotteskrieger“ [97] so lange kämpfen werde, bis „das Papsttum im Endkampf zu Fall kommen wird.“[98] Dabei bezieht sich Luther vor allem auf eine Verheißung des Heiligen Petrus, der gemäß seinen Worten ohnehin die Heraufkunft eines falschen Propheten vorausgesagt hätte.[99] Im weiteren Verlauf der Schrift weißt Luther vehement die Aussagen Heinrichs in dessen „Assertio“ zurück, wonach Luther sich in seinen Aussagen widerspreche oder teilweise auch das Gegenteil dessen behaupte, was er bereits gesagt hatte. Dieser jedoch bekennt sich breitläufig dazu, dass das einzige, was er jemals bereue und zurückrufe, all jenes sei, was er bisher Positives über das Papsttum gesagt habe.[100] Zudem widerlegt er Heinrichs Anschuldigung mit der Aussage, dass er sich nicht widersprechen könne, da er seine Lehren direkt aus Christus entnehme. Um seiner Widerlegung zusätzliches Gewicht zu verleihen, verweist er auf seine Gegner, die seine Lehren nicht verstünden und daher behaupten, er würde sich widersprechen, so etwa wörtlich der „Schalksnarr in Hermelin, König Heinrich.“[101] Um diesen Irrtum aus der Welt zu schaffen, legt der Reformator dieser Widerlegung eine Kurzform seiner oftmals misslich verstandener Lehren zu den „Guten Werken“ bei. Obgleich Luther Heinrichs theologische Auffassungen öffentlich geringschätzt und obendrein seine wahre Autorenschaft in diesen Kapiteln anzweifelt, widmet er sich doch einer Antwort auf das in der „Assertio“ so ausführlich dargelegte Altarsakrament. Demnach besteht Luther auf seine Aussage, dass sowohl das Brot als auch der Wein teilhaben am Sakrament des Altares, wobei er sich stets auf die Überlieferung der Evangelisten bezieht, die einstimmig berichten, dass Jesus beides eingesetzt habe. „Sonderbar sei es ja in der Tat, dass man davon nur einen Teil praktiziere, nämlich das Brot, und den anderen weglasse, nämlich Wein, der den Laien gottloserweise vorenthalten werde, aus welchen Gründen auch immer. […] Darauf sagt der närrische König,

---

[95] Vgl. Appel S. 102
[96] Vgl. Ebd. S. 105
[97] Vgl. Ebd. S. 105
[98] Vgl. Ebd. S. 105
[99] Vgl. Ebd. S. 105f.
[100] Vgl. Appel S. 106
[101] Vgl. Appel S. 106

wie so oft – nichts."[102] Gleichzeitig überträgt er dies auf die weiteren Sakramente, wonach es gewiss nicht im Sinne der Bibel wäre, diese dahingehend zu verändern, als dass man gewisse Teile weglassen würde, andere jedoch ergänze. Im konkreten Bezug auf die Transsubstantiationslehre argumentiert Luther erneut mit der lateinischen Grammatik, dass entgegen Heinrichs Annahme, für Luthers Übersetzung wäre ein hic notwendig (siehe Punkt 3.2.2.2), wonach „im vorliegenden Satze das Fürwort sich aufs Subjekt beziehe und nicht auf das Prädikat. [...] Richtig ist aus Luthers Sicht: Das Brot *ist* der Leib, nicht aber: Das Brot wird verwandelt in Christi Leib."[103] Im nächsten Abschnitt kritisiert Luther den hohen Wert der Kirche in der Auffassung der Rituale. Seiner Meinung nach gehe es bei der Ausführung christlicher Pflichten, wie etwa dem Beten oder dem Fasten vielmehr darum, den tatsächlichen Glauben aufzuweisen, als etwa in schönem Gewand oder an einem bestimmten Tag Gott den Dienst zu erweisen.[104] Nach dieser Festsetzung geht Luther weiter zum nächsten Punkt, mit dem er Heinrichs „Assertio" widerlegt: seinem Verständnis der Messe. Wie bereits in der Schrift „Von der babylonischen Gefangenschaft der Kirche" verdeutlicht er, dass die Messe weder Werk noch Opfer sei, das Gottes Anhänger zu verrichten haben, sondern vielmehr eine Verheißung. Damit ist auch die Rolle des Priesters um einiges unbedeutender als in der altchristlichen Auffassung überliefert. Neben diesen sachlichen Ausführungen scheint es Luther „anscheinend besonderen Spaß [zu machen], Heinrichs Gedankengänge noch einmal auf eine besonders lächerliche Weise zu simplifizieren. So etwa [...]: Wer Holz haue, tue ein Werk, also, wer die Einsegnung verrichte, tue ein Werk; darum müsse auch die Messe ein Werk sein."[105] Schließlich folgt eine abschließende Erläuterung Luthers *sola-fide*-Lehre, die Heinrich gemäß seinen Aussagen gar nicht verstanden hatte. Mit dieser Ausführung endet Luthers Widerlegung der Argumente Heinrich VIII., ohne dass der Reformator weiter auf die fünf Sakramente eingeht, die der König in seiner Schrift verteidigt. Was Luther sich jedoch dabei gedacht hatte, König Heinrich VIII. derart in dessen Lehren zu widerlegen und auch persönlich anzugreifen, lässt sich wohl am einfachsten und naheliegendsten mit den Schlussworten erklären, die Luther seiner „Antwort deutsch auf König Heinrichs Buch" beilegt: „Und es ist

---

[102] Vgl. Ebd. S.107
[103] Vgl. Ebd. S. 109
[104] Vgl. Ebd. S. 109
[105] Vgl. Appel S. 111

auch nichts Großes, […] wenn ich einen König der Erde so verachte und beiße, da er sich nicht gescheut hat, den König des Himmels in seinen Reden zu lästern und mit den giftigsten Lügen zu entheiligen. Der Herr richtet die Völker mit Recht [Ps. 98,9]. Amen."[106]

Zur besseren Visualisierung des Beschriebenen befindet sich im Anhang jeweils ein Foto von dem Titelblatt Luthers lateinisch verfasster „Contra Henricum Regem Angliae" sowie dessen ersten beiden Seiten.

6. Weiterer Verlauf des Konflikts zwischen Martin Luther und Heinrich VIII.

6.1 Reaktionen auf Luthers „Contra Henricum Regem Angliae"

Die zeitweise schweren Beleidigungen, die Luther dem englischen König in seiner Antwortschrift entgegenwarf, zogen nicht nur in England weite Kreise; ganz im Gegenteil, während Heinrich es als „unter seiner Würde [betrachtete], auf diese Beleidigungen zu antworten"[107], machten sich kurz nach der Veröffentlichung vor allem deutsche Theologen an die Arbeit, um den König durch eigene Schriften vor Luther in Schutz zu nehmen und diesen beim Volk durch unflätige Schmähungen zu verunglimpfen und lächerlich zu machen.[108] So etwa veröffentlichten die Theologen Johannes Eck (siehe Punkt 3.2.1) und Thomas Murner bereits kurz nach der Veröffentlichung Luthers Schrift eigene Bücher, in denen sie den König verteidigten. Schließlich jedoch beschäftigte sich auch Heinrich weiter mit Luther, indem er zunächst „an die Kurfürsten in Luthers Einzugsgebiet schrieb, und [versuchte,] sie an ihre Regentenpflicht zu erinnern."[109] Die größte Rüde allerdings, die Luther für seine Schrift bekam, erhielt er direkt vom englischen Königshof. Obgleich der englische König es als unter seiner Würde ansah, dass ein hoher Geistlicher seines Landes oder gar er selbst Luther antworte, wollte er die Polemik des Reformators nicht ungesühnt lassen, und so beauftragte er seinen Sekretär, den berühmten Gelehrten Thomas More, auf Deutsch Morus, seiner selbst ein entschiedener Gegner des Luthertums, mit der Ausarbeitung einer Antwort, die „ähnlich obszön war, wie die des polternden Reformators aus Wittenberg."[110] Im

---
[106] Vgl. Ebd. S. 113
[107] Vgl. Ridley S. 154
[108] Vgl. Ebd. S. 154
[109] Vgl. Appel S. 123
[110] Vgl. Ebd. S. 123

Dezember 1523 wurde schließlich Mores „Responsio ad Lutherum" (zu Deutsch: „Antwort auf Luther") in London in lateinischer Sprache veröffentlicht, allerdings unter dem Pseudonym William Rosse.[111] „Man gab sich redlich Mühe, die Tatsache zu verschleiern, daß ein Mitglied von Heinrichs Kronrat der Verfasser war."[112] Gedruckt wurde das 654 Seiten umfassende Werk allerdings auch in englischer Sprache, um es auch den Laien im Volk zugänglich zu machen. Zunächst wird Luther darin „Prahlsucht und Größenwahn"[113] vorgeworfen, ehe er der Verfälschung der Aussagen der Heiligen Schrift bezichtigt wird. Des Weiteren wird ausdrücklich auf Heinrichs alleinige Autorenschaft bei der „Assertio Septem Sacramentorum" hingewiesen und zugleich Luthers Dreistheit angeprangert, derartiges überhaupt infrage zu stellen. Doch trotz des breiten Umfangs der Schrift bleibt sie im Vergleich zu den ihr vorhergegangenen Schriften Luthers und Heinrichs besonders in theologischen Fragen sehr allgemein gehalten. Zwar verteidigt sie vehement die altkatholische Sakramentslehre und die kirchlichen Rituale, dennoch weitet sich keiner dieser Punkte zu einer „wirklichen theologischen Debatte aus, mit Bibelstellen und Zitaten, Vergleichsstellen, Belegen und Positionen, wie sie sich in der Schrift des Königs befinden."[114] Luthers Positionen werden meist mit allgemeingültigen Erklärungen oder Behauptungen widerlegt, oftmals auch in Verbindung mit einer Falschen oder verzerrten Auffassung Luthers Lehren. So etwa schreibt Morus, dass die „schlechten Werte der Lutheraner, also Trunkenheit, Ehebruch Raub [..] aufgrund ihres festen Glaubens und weil sie darauf vertrauen, dass der Glaube ausreichend sei und dass es keiner guten Werke bedarf, nichts anderes als reine Tugenden sind."[115] Diese Auffassung ist eine vielerorts verbreitete Fehlinterpretation Luthers Bußlehren. Ein weiterer Bestandteil der Schrift ist ein fiktiver Dialog Luthers mit einem Gesprächspartner, der diesem immer wieder kritische Fragen zu dessen Lehren stellt. Dabei wird in humoristischer Weise der Anschein erweckt, als entsprängen Luthers Gedanken nicht, wie dieser behauptet, aus den Gedanken Gottes, sondern seinem übertriebenen Selbstbewusstsein, das ihn dazu verleitet hatte. Auch nennt er die Existenz der Jungfrau Maria, die er in der Bibel nicht ausreichend begründet sieht, von Luther aber widerstandslos anerkannt wird, als Widerspruch seiner

---

[111] Vgl. www.zeit.de/1988/28/thomas-more-luther-und-der-koenig-heynz [Stand: 11.10.17]
[112] Vgl. Ridley S. 155
[113] Vgl. Appel S. 125
[114] Vgl. Appel S. 127
[115] Vgl. Ebd. S. 128

Lehren. Vor allem aber ist die Schrift „Antwort auf Luther" geprägt durch die durchgängig zwieträchtigen Aussagen Morus, bei denen der Autor, wie so oft in theologischen Schriften, deutlich hinter seinen stilistischen und intellektuellen Möglichkeiten zurückbleibt. More bezeichnet Luther etwa als „ 'schmutziger als ein Schwein und dümmer als ein Esel´, der bestenfalls fähig sei, 'mit seiner Frontseite das Hinterteil eines weiblichen Maultiers zu lecken. '"[116] Weiter prophezeit Morus, die Unterwelt habe ihn als „grässlichste Menschenplage auf die Erde gespeit."[117] Zudem rät er allen Lesern Luthers Schriften dazu, „die ganze Ansammlung von 'Mist und Scheiße´, die sich darin befinde, wieder in Luthers schmutzigen Mund, der ein 'Scheißhaus´ sei, zurückzustopfen, sowie die stinkenden Kloaken, die Luther aus seinem faulen Munde erbreche, über seinem Kopf auszuleeren."[118] Passend dazu endet schließlich der zweite Teil der voluminösen Gegenschrift in etwa mit den Worten „ 'dieser scheißende und beschissene Schuft´ gewinne den Applaus seiner Anhänger nur 'durch die schmutzigsten Gesten und die obszönsten Worte."[119] Anhand dieser zufällig ausgewählten Exemplare lässt sich deutlich erkennen, dass „diese Publikation [in Bezug auf die Beleidigungen] nicht einmal in der theologischen Streitliteratur des 16. Jahrhunderts ihresgleichen"[120] findet.

6.2 Briefwechsel zwischen Heinrich VIII. und Luther

Am ersten September des Jahres 1525, also knapp zwei Jahre nach der Veröffentlichung Morus´ „Responsio ad Lutherum" schickt Luther König Heinrich VIII. einen relativ kurzen Sendbrief. Darin entschuldigt sich Luther breitwillig für seine rüden Worte gegenüber dem König in seiner vergangenen Schrift. „Falsch beraten und aus einer Fehlbeurteilung Heinrichs VIII."[121] heraus ging er nun davon aus, dass die „Assertio" ein „Machwerk arglistiger Sophisten'"[122] sei und nur in Heinrichs Namen erschienen war, wodurch ihm seine Angriffe auf den König unbegründet erschienen. Demütig entschuldigt er sich mit den Worten „Derhalben ich in und mit dieser Schrift Ew. Maj. zu Füßen falle, auf's demüthigste so ich immer kann und mag, beide um des Leidens Christi und seiner Ehre willen, bittend und flehend, Ew. Maj. wollen sich mir zu verzeihen und vergeben gnadiglich finden

---

[116] Vgl. Ebd. S. 131
[117] Vgl. Ebd. S. 131
[118] Vgl. Ebd. S. 131
[119] Vgl. Appel S. 131
[120] Vgl. Ridley S. 155
[121] Vgl. www.zeit.de/1988/28/thomas-more-luther-und-der-koenig-heynz [Stand: 11.10.17]
[122] Vgl. Appel S. 201

29

lassen"[123] Gleichzeitig berichtet er darüber, vor kurzem erfahren zu haben, dass der König „anfängt dem Evangelio wohlgewogen zu sein."[124] Daraus zog der Reformator den Schluss, Heinrich VIII. habe zu seinen Gunsten „die Fronten gewechselt"[125] und sei nun offen für eine Zusammenarbeit mit ihm. Woher Luther diese Schlüsse allerdings nahm, ist seither ungewiss, zumal es keine konkreten Gründe dafür gibt, dass König Heinrich VIII. sich zu dieser Zeit tatsächlich näher mit dem Evangelium beschäftigte, wie Luther es postulierte. Dagegen sprach allerdings Heinrichs persönliche Situation zu diesen Tagen: Einerseits war er betrübt über die Niederlage in Frankreich, andererseits leitete seine Liebe zu Anne Boleyn langsam das Ende seiner ersten Ehe mit Katharina von Aragon ein (siehe Punkt 4.1). Somit standen „dringliche theologische Fragen [...] derzeit bei Henry nicht auf der Tagesordnung."[126] Es erscheint somit auch nicht verwunderlich, dass König Heinrich VIII. erst ein knappes Jahr später auf Luthers Brief antwortete, obgleich dies auch diversen nachweißlichen Umwegen des Briefes auf dem Weg ins Deutsche Reich geschuldet war. Dieser jedoch ist in seinem Umfang in etwa zwanzig Mal so lang wie Luthers ursprünglicher Brief. Doch entgegen Luthers Erwartungen, Heinrich hätte sich ihm angenähert, widerlegt der König empört Luthers Anschuldigung, einer seiner Kardinäle, den Luther obendrein als „einen Greul und einen gemeinen Hass Gottes"[127] bezeichnete, hätte seine „Assertio" verfasst. Zudem bekennt er sich in dem Brief als treuer Anhänger der Kirche und gab an, sich aus ganzem Herzen den Satzungen der christlichen Kirche zu unterwerfen. Luthers Thesen habe er selbst durch intensives Bibelstudium widerlegt und dies auch dargestellt. Das Evangelium sei ihm gewiss wohlgewogen, jedoch nicht erst seit Luthers Brief und auch nicht in reformatorischen Absichten.[128] Der König führt Luther förmlich vor, konfrontiert ihn in seinem Brief mit dessen eigenen Aussagen und zeigt ihm auf, wie oft er in seinen Thesen schon von namhaften Theologen widerlegt wurde. Zudem bezichtigt er ihn erneut der Gotteslästerung und beschimpft ihn und seine Anhänger als Ketzer. Auch Luthers kürzlich geschlossene Ehe mit Katharina von Bora beschreibt er als unkeusch und

---

[123] Vgl. www.glaubensstimme.de/doku.php?id=autoren:l:luther:briefe:an_heinrich_viii [Stand : 11.10.17]
[124] Vgl. Ebd. [Stand: 11.10.17]
[125] Vgl. Appel S.202
[126] Vgl. Ebd. S. 208
[127] Vgl. Appel S. 211
[128] Vgl. Ebd. S. 211

„schändlichen Ehebund"[129]. Von einer Annäherung zu Luthers Reformation kann somit nicht die Rede sein.

7. Unterschiede in der theologischen Überzeugung und unbändige Charaktere als Grund zur ausgebliebenen Einigung Luthers und Heinrich VIII.

Wenn man nun die beiden Persönlichkeiten Martin Luther und Heinrich VIII. unabhängig voneinander betrachtet, so lässt sich feststellen, dass sie in ihrer Herkunft und ihrer Persönlichkeit unterschiedlicher nicht hätten sein können. Der Eine, Martin Luther, geboren in eher durchschnittlichen bürgerlichen Verhältnissen, durchlief zunächst die gewöhnliche schulische Laufbahn, ehe er nach einiger Zeit an der Universität zum Mönch konvertierte. Heinrich VIII. war ausgehend vom plötzlichen Tod mehrerer Angehöriger bereits mit 18 Jahren König von England, ohne dafür, abgesehen von einer strengen Renaissanceausbildung, viel geleistet zu haben. Und doch eint die beiden etwas, das nur sehr wenige Menschen dieser Zeit vereint: Sie sagten sich beide von der katholischen Kirche los. Im selben Jahrhundert waren es nahezu ausschließlich sie, die mit ihrem Volk oder ihren Anhängern der damals als nahezu unantastbaren katholischen Kirche den Bruch erklärten. Und doch standen sie einander so feindselig gegenüber, dass es tatsächlich verwundert, dass sie im Grunde dasselbe Ziel verfolgten. Und so stellt sich nun die Frage, wieso sich Martin Luther und König Heinrich VIII. in ihren Zielen nicht einten und gemeinsam als Verbündete gegen Rom vorgingen. Zunächst einmal lässt sich dagegen einwenden, dass König Heinrich VIII. in seiner Grundüberzeugung selbst nach dem Bruch mit von Rom ein treuer Christ blieb. Er besuchte weiterhin die Messen und sagte sich auch von der Bibel nicht los. Einzig die Angst, das Adelsgeschlecht Tudor würde mit ihm den letzten König auf dem englischen Thon stellen, weil ihm seine Frau keinen männlichen Thronfolger schenkte, machte ihm so zu schaffen, dass er schließlich sein Land nach der verbotenen Scheidung von der Kirche abspaltete. Er wollte somit „keine reformierte Kirche, sondern nur eine von Rom unabhängige."[130] Luthers Gründe lagen dagegen tiefer. Ihm ging es nicht um persönliche Angelegenheiten, vielmehr stellte er das gesamte System der katholischen Kirche infrage und zweifelte so nicht nur den Ablasshandel, sondern vor allem auch tiefgreifende katholische Brauchtümer wie den Papst oder die Sakramente an. Heinrich hingegen war in dieser Stelle um

---

[129] Vgl. Ebd. S. 213
[130] Vgl. Markert S. 124

einiges konservativer und hielt an der katholischen Tradition weitestgehend fest. Sicherlich waren die inhaltlichen Differenzen ein bedeutender Aspekt, der die beiden an einer Einigung hinderte, gewiss standen sich aber auch ihre zweifelsfrei unbändigen Charaktere im Weg. Allein an der Tatsache, wie Luther viele damalige weltliche und geistliche Würdenträger mit seinen Schriften angriff und ausdrücklich beleidigte, zeugt von dem schier grenzenlosen Selbstbewusstsein Luthers, dem selbst durch den auf Milde bedachten Phillip Melanchthon nur wenig Einhalt geboten wurde. Doch ebenso schickte sich Heinrich VIII. nicht, zunächst mit eigener Schrift derbe gegen den Reformator zu schreiben, später derartiges in Auftrag zu geben. Somit verwundert es schließlich auch nicht, dass der Monarch Luthers „Entschuldigungsschreiben" förmlich ignorierte, dieser jedoch später Heinrich bei dessen Heiraten jegliche Unterstützung verweigerte. Beide sahen sich so von dem jeweils anderen in ihrer Ehre verletzt, was sie diesen später auch spüren ließen. Gewiss wäre es daher schwer gewesen, sich auf einen gemeinsamen Schlachtzug gegen die katholische Kirche zu einigen, zumal der König zur Anfangszeit der Reformation noch treuer Katholik war. Und so blieben Martin Luther und Heinrich VIII. von England, wie in der Arbeit dargestellt, zeit ihres Lebens bittere Feinde, die sich zwar persönlich nicht kannten, sich dennoch aber bis zu ihrem nahe aufeinanderfolgenden Erliegen in den Jahren 1546 und 1547 konstant im Weg standen. Doch trotz all dem ist es den beiden nicht abzusprechen, dass sie allein mit dem Verweis auf die Gesamtzahl ihrer Anhänger durchaus im Stande gewesen wären, voneinander immens zu profitieren und schließlich eine gemeinsame Allianz gegen die Kirche zu bilden, die in ihrer Gesamtheit wohl einiges mehr erreicht hätte als jeder einzelne der beiden.

Literaturverzeichnis

Appel, Sabine: König Heinz und Junker Jörg – Heinrich VIII. gegen Luther gegen Rom, Theiss Verlag, Darmstadt 2016

Braun, Angelika: Beiträge zu Linguistik und Phonetik: Festschrift für Joachim Göschel zum 70. Geburtstag, Franz Steiner Verlag, Stuttgart 2001

Brecht, Martin: Martin Luther – Sein Weg zur Reformation. Erster Band 1483-1521, Calwer Verlag, Stuttgart 1990

GEO Epoche, Martin Luther und die Reformation, 2009, Nr. 39 - 10/09

George, Margaret: Ich, Heinrich VIII.: Historischer Roman, Bastei Verlag, o. O. 2008

Hareide, Bjarne: Die Konfirmation in der Reformationszeit: Eine Untersuchung der lutherischen Konfirmation in Deutschland 1520-1585, Vandenhoeck & Ruprecht, Göttingen 1971

Heyck, Eduard: Monographien zur Weltgeschichte, Let Me Print, 2012

Kohnle, Armin: Martin Luther – Reformator, Ketzer, Ehrenmann, SCM Hänssler, Berlin 2015

Markert, Gerhard: Menschen um Luther. Eine Geschichte der Reformation in Lebensbildern, Jahn Torbecke Verlag, Ostfildern 2008

Mieck, Ilja: Europäische Geschichte der frühen Neuzeit, Kohlhammer, Stuttgart 1998

Ridley, Jasper: Heinrich VIII. Eine Biographie, Benzinger Verlag AG, Zürich 1990

Venzke, Andreas: Martin Luther – Die Freiheit des Wortes und das Lauffeuer der Reformation, Arena Verlag GmbH, Würzburg 2017

Vogt-Lüerssen, Maike: Martin Luther in Wort und Bild, Books on Demand, o. O. 2003

Weiler, Tanja: Heinrich VIII. und die englische Reformation: Der lange Weg zum Bruch mit Rom, Diplomica Verlag, Hamburg 2014

Quellen:

Alle Deutschen Bücher und Schriften, aus denen Wittenbergischen, Jehnisch- und Eißlebischen Tomis zusammengetragen. vom XXII. Jahre an, bis auf den Christlichen und seligen Abschied aus diesem Leben, des hochlöblichen Herrn Friedrichen, Herzogen und Kurfürsten zu Sachsen, im Mäyen, des XXV. Jahrs – Martin Luther Band 2 Fürstl. Sächs. Officin, 1661